Impressum
Verlag: BABADADA GmbH, Nedderfeld 112 , 22529 Hamburg
Geschäftsführer / Verlagsleitung: Harald Hof
Druck: Books on Demand GmbH, In de Tarpen 42, 22848 Norderstedt

Imprint
Publisher: BABADADA GmbH, Nedderfeld 112 , 22529 Hamburg, Germany
Managing Director / Publishing direction: Harald Hof
Print: Books on Demand GmbH, In de Tarpen 42, 22848 Norderstedt

school

دبستان

classroom
divide
پارکرن
186/2
board
teacher
مامۆستە
هەوشا دبستانێ
paper
write
نڤیساندن
pen
desk
ماسە
ruler
راستەک
book
پرتووک
pupil
خوەندەکار

satchel

چەوال

pencil case

قووتی نڤیستۆک

pencil

قەلەمرساس

pencil sharpener

نڤیستۆک تووژکر

rubber

ژێبر

drawing pad

نڤیسکا نیگارێ

drawing

نیگار

paintbrush

فرچەیا رەنگێ

paint box

قووتی رەنگ

scissors

مەقەس

glue

لەزاق

exercise book

پرتووکا فێربوون

homework

وەزیفا مالێ

number

هەژمار

add

زێدەکرن

subtract

دەرخستن

multiply

زێدەکرن

calculate

هەسباندن

letter

تیپ

alphabet

ئالفابە

hello

word

پەیڤ

text

نڤیسێ

read

خواندن

chalk

گەچ

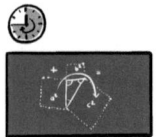

lesson

دەرس

register

قەیدکرن

examination

ئیمتیهان

certificate

شەهادە

school uniform

کنجا دبستانێ

education

پەروەردەهی

encyclopedia

زانستنامە

university

زانینگە

microscope

میکرۆسکوپ

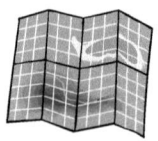

map

خەریتە

waste-paper basket

سەپەتا کاخەزێ

hotel
مێڤانخانە
Grand
hostel
مێڤانخانە
ROOMS
EXCHANGE
currency exchange office
ئۆفیسا پەرە ڤەگوهارتنێ
car
ماشین

language
زمان

yes / no
بەلێ / نا

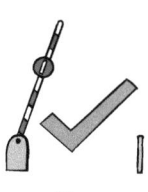

Okay
باش

hello
سلاڤ

translator
وەرگێرا نڤیسکی

Thank you
سپاس

how much is...?

....

بهایێ ... چ قاسه؟

I don´t get it

....

ئەز فام ناکم

problem

....

ئاریشه

Good evening!

....

ئێڤارباش!

Good morning!

....

سپێدی باش!

Good night!

....

شەڤ باش!

goodbye

....

خاترێ ته

direction

....

ئالی

luggage

....

هوورموور

bag

....

چەنته

backpack

....

چەنته پشت

guest

....

مێڤان

room

....

ئۆده

sleeping bag

....

جامه خەو

tent

....

چادر

tourist information

ئاگاگیێن گەرۆکان

beach

رەخێ ئاڤێ

credit card

کارتێ قەرزێ

breakfast

تاشتێ

lunch

فراڤین

dinner

شیڤ

Ticket

کارت

elevator

ئاسانسۆر

stamp

پوول

border

تخووب

customs

گومرک

embassy

بالیۆزخانە

visa

ڤیزا

passport

پاساپۆرت

transport

گوهازتن

airplane
فرۆکە
ship
fire truck
truck
کامیۆن
bus
ئۆتۆبووس
motorboat
car
ماشین
bike
دوچەرخە

ferry

پاپۆڕ

boat

پاپۆڕ

motorbike

مۆتۆرسیکلێت

police car

ترمبێلا پۆلیسێ

racing car

ترمبێلا پێشبازیێ

rental car

ئەرەبە کرێکرنێ

car sharing

....

ماشین پەرڤەکرن

tow truck

....

کامیۆنا کشاندنێ

garbage truck

....

کامیۆنا خوەلی

engine

....

مۆتۆرسیکلێت

fuel

....

مازۆت

fuel station

....

ئیستەگەها بەنزینێ

traffic sign

....

تابلۆیا ترافیکێ

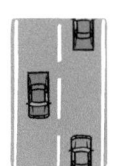

traffic

....

هاتنووچوون

traffic jam

....

ترافیک

parking lot

....

جهێ پارکێ

train station

....

راوەستەکا ترێنێ

tracks

....

رێچ

train

....

ترێن

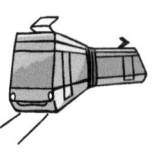

tram

....

ترێنێ کۆلانێ

wagon

....

عەرەبە

helicopter

بابرۆک

airport

بالافرگمه

tower

برج

passenger

مسافر

container

قووتی

carton

قووتی

cart

گرگرۆک

basket

سەلک

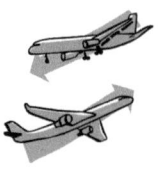

take off / land

رابوون / نیشتن

city

باژار

village

گوند

city center

ناڤندا باژاری

house

خانی

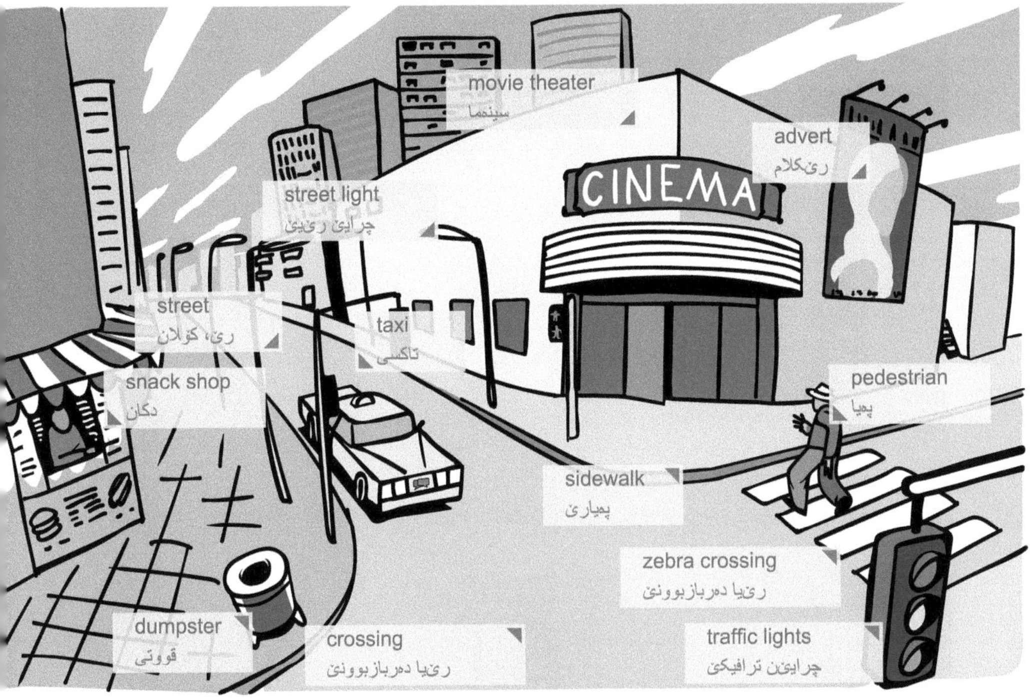
movie theater
سینەما
CINEMA
advert
رێکلام
street light
چرایێ رێیێ
street
رێ، کۆلان
taxi
تاکسی
snack shop
دکان
pedestrian
پەیا
sidewalk
پەیارێ
zebra crossing
رێیا دەربازبوونێ
dumpster
قووتی
crossing
رێیا دەربازبوونێ
traffic lights
چرایێن ترافیکێ

hut

کۆخ

apartment

خانی

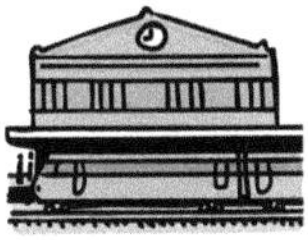

train station

راوەستەگا ترێنێ

city hall

تەلارا شارەڤانی

MUSEUM

museum

مووزەخانە

school

دبستان

university

زانینگە

bank

بانک

hospital

نەخوەشخانە

hotel

مێڤانخانە

pharmacy

دەرمانخانە

office

ئۆفیس

book shop

کتێبفرۆشی

shop

دکان

flower shop

گولفرۆش

supermarket

بازار

market

بازار

department store

سوپەرمارکەت

fishmonger's shop

ماسیفرۆش

mall

ناڤندا کڕین

harbor

بەندەر

park

پارک

bench

سەکوو

bridge

پر

stairs

دەرنجە

subway

ژێر ئەردی

tunnel

تونێل

bus stop

ئیستگەها ئۆتۆبووس

bar

بار

restaurant

خوارنگەه

postbox

سندووقا پۆستێ

street sign

نیشاندەرکا رێیێ

parking meter

مەترا پارکینگێ

zoo

باخچا هەیوانان

swimming pool

هەوزا مەلەڤانی

mosque

مزگەفت

farm

جۆتگەه

pollution

لەوتاندنا دەردۆر

cemetery

گۆرستان

church

کەنیسە

playground

نەردێ لەیستنێ

temple

پەرەستگەه

landscape

تەبیەت

signpost
نیشاندەرکا رێ
path
رێ
meadow
مێرگ
stone
کەڤر
hiker
گەرۆک
tree
دار
river
چەم
grass
گیا
flower
کولیلک

valley

دۆل

hill

گر

lake

گۆل

forest

دارستان

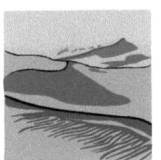

desert

بەیابان

volcano

ڤۆلکان

castle

کەلەه

rainbow

کەسکەسۆر

mushroom

کڤارک

palm tree

دارقسپ

mosquito

مخمخک

fly

مێش

ant

مێری

bee

هنگ

spider

پیرێ

beetle

کێزک

frog

بەق

squirrel

سهۆر

hedgehog

ژیژۆک

hare

کەرگوه

owl

پەپووک

bird

چڤیک

swan

قوو

boar

بەرازێ کۆڤی

deer

پەزکۆڤی

moose

پەزکۆڤی

dam

بەنداڤ

wind turbine

تووربینا با

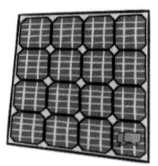

solar panel

پانەلا خۆرێ

climate

ئاڤ و هەوا

restaurant

خوارنگەه

waiter
بەرکار
menu
chair
کورسی
soup
شۆربە
pizza
پیزا
cutlery
چەتەل و چەمچک
tablecloth
سفرە

starter

خوارنا دەستپێک

main course

خوارنا سەرەکی

dessert

شیرانی

drinks

ڤەخوارنان

food

خوارن

bottle

جام

fast food

خوارنا لەز

street food

خوارنا رێیێ

teapot

چایدانک

sugar bowl

قووتی شەکرێ

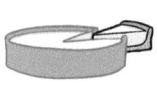

portion

بەش

espresso machine

مەکینا چێکرنێ ئەسپرەسسۆ

high chair

کورسیا بلیند

bill

هەساب

tray

سێنی

knife

کێر

fork

چەتەل

spoon

کەڤچی

teaspoon

کەڤچیا چای

serviette

پێشگر

glass

قەدەه

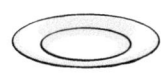

plate

تەیفک

soup plate

تەیفکا شۆربە

saucer

پیالە

sauce

چێنج

salt shaker

خوێدانک

pepper mill

قووتی بیبار

vinegar

سێک

oil

روون

spices

بهارات

ketchup

کەتچاپ

mustard

موستارد

mayonnaise

مایۆنێز

supermarket

بازار

special offer
پێشکێشێن تایبەت
FOR
customer
dairy products
fruit
فێکی
shopping cart

butcher's shop

قەسابی

bakery

دکانا نانپێژ

weigh

وەزن کرن

vegetables

سەبزە

meat

گۆشت

frozen food

خوارنێ جەمەدی

cold cuts

گۆشتی سار

canned food

خوارنا پیلێ

detergent

خوباری پاقژکرنێ

candy

شرینی

household products

بەرهەمێن ناڤخوەیی

cleaning products

بەرهەمێن پاقژکرنێ

sales representative

فرۆشیار

cash register

خەزنۆک

cashier

دراڤگر

shopping list

لیستا کڕینێ

opening hours

دەمێن ڤەکری

wallet

جزدان

credit card

کارتێ قەرزێ

bag

چەوال

plastic bag

چەنتە

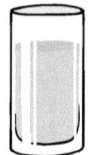

drinks
ڤەخوارنان

water

ئاڤ

juice

شەربەت

milk

شیر

coke

کۆمر

wine

شەراب

beer

بیرا

alcohol

ئالکۆل

cocoa

کاکۆ

tea

چای

coffee

قەهوە

espresso

ئەسپرەسسۆ

cappuccino

کاپۆچینۆ

food
خوارن

banana

مۆز

apple

سێڤ

orange

پرتەقالی

melon

گوندۆر

lemon

لیمۆن

carrot

گێزەر

garlic

سیر

bamboo

قامر

onion

پیڤاز

mushroom

قارچک

nuts

گەویز

noodles

شهیره

spaghetti

سپاگێتتی

rice

برنج

salad

سەلەتە

fries

چیپس

fried potatoes

پەتەتەیا براشتی

pizza

پیزا

hamburger

هامبورگەر

sandwich

نانۆک

escalope

گۆشتێ ستوویێ بەرخی

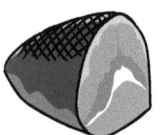

ham

گۆشتێ هشککری

salami

سالامێ

sausage

سۆسیس

chicken

مریشک

roast

بژارتن

fish

ماسی

porridge oats

شۆربە بلوول

muesli

مووسلی

cornflakes

کەرتێن گلگلان

flour

نارد

croissant

جرۆسسانت

bread roll

سەموون

bread

نان

toast

تۆست

cookies

نانک

butter

نڤیشک

curd

ماست

cake

کولیچە

egg

هێک

fried egg

هێکا قەلاندی

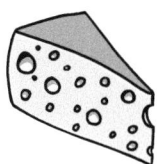

cheese

پەنیر

ice cream

دۆندرمە

sugar

شەکر

honey

هنگڤ

jelly

مرەبا

nougat cream

خامەیا نۆوگات

curry

کوڕی

26 food - خوارن

goat

بزن

cow

چێلەک

calf

گۆلک

pig

بەراز

piglet

خنزیرک

bull

بۆخە

goose

قاز

duck

مراڤی

chick

جووچک

hen

مریشک

cockerel

کەلەشێر

rat

جرج

cat

کتک

mouse

مشک

ox

گا

dog

کووچک

dog house

خانیا کووچکێ

garden hose

خانی باخێ

watering can

قووتیکا ئاڤدانێ

scythe

شالووک

plow

گاسن

sickle
....
داس

hoe
....
مەربێر

pitchfork
....
دارساپک

axe
....
بڤر

pushcart
....
دەستگەره

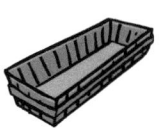

trough
....
قووتی خوارنا جانداران

milk can
....
قووتی شیر

sack
....
توور

fence
....
چەپەر

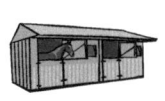

stable
....
ناخور

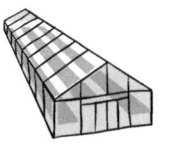

greenhouse
....
خانا کولیلکان

soil
....
ئاخ

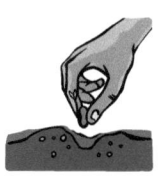

seed
....
دەندک

fertilizer
....
پەین

combine harvester
....
کۆمباین

harvest

زاد

harvest

زاد

yams

پەتەتە

wheat

گەنم

soya

فاسۆلی

potato

پەتەتە

corn

دەخل

rapeseed

دندک

fruit tree

دارێ فێکی

manioc

سێڤێ بن ئەردێ

grain

زاد

house
خانی

living room
....
ئۆدا روونشتنێ

bathroom
....
هەمام

kitchen
....
مەتبەخ

bedroom
....
ئۆدا خەوێ

kids room
....
ئۆدەیا زارۆک

dining room
....
ئۆدا شیڤێ

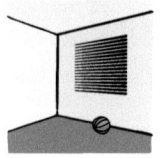

floor

بنی

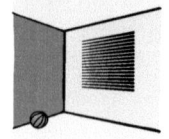

wall

دیوار

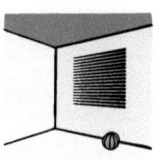

ceiling

بەربان

cellar

خەنزک

sauna

ساونا

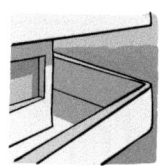

balcony

بالکۆن

terrace

بەردانک

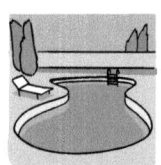

pool

هەوزا مەلەڤانی

lawn mower

چیمەن بڕ

sheet

مەلهەفە

bedspread

بەتانی

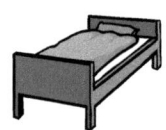

bed

نڤین

broom

گەزک

bucket

ساتل

switch

کلیل

living room

ئۆدا روونشتنێ

carpet

خالیچە

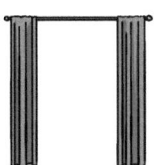

drape

پەردە

table

مێز

chair

کورسی

rocking chair

کورسیا هەژانۆک

armchair

کورسی

book

پرتووک

blanket

بەتانی

decoration

خەملاندن

firewood

ئێزنگ

film

فیلم

stereo system

هـ-ف

key

کلیل

newspaper

رۆژنامە

painting

نیگار

poster

پۆستەر

radio

رادیۆ

notebook

دەفتەر

vacuum cleaner

سڤنکا ئەلەکتریکی

cactus

کاکتووس

candle

مۆم

kitchen

مەتبەخ

fridge
سارنج
microwave oven
مایکرۆڤەیڤ
تەرازیا مەتبەخێ
toaster
ئاموورا نان گەرمکرنێ
laundry detergent
پاگژکەر
stove
سۆبە
freezer
سارکەر
dishwasher
فراقشۆک

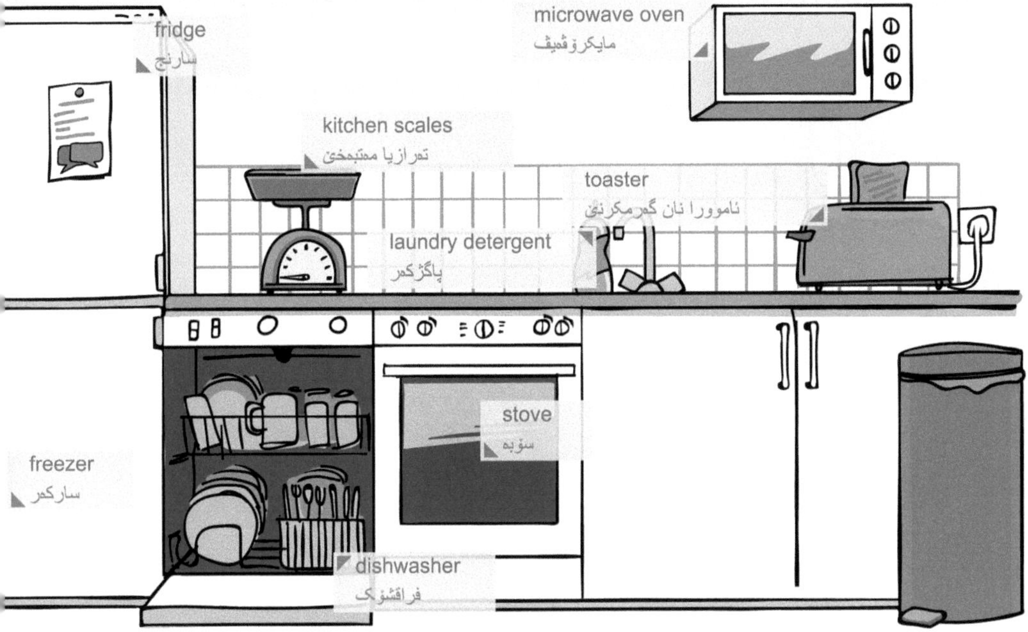

cooker

....

سۆبە

pot

....

ئامان

cast-iron pot

....

ئامانێ ئووتوو

wok / kadai

....

فراقێ مەزن

pan

....

دیزک

kettle

....

کەلینک

steamer

....

فراقێ هلمێ

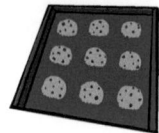

baking tray

....

سێنی نانێ

crockery

....

فراق

mug

....

پیاله

bowl

....

کاسک

chopsticks

....

دارێ نانخوارن

ladle

....

هەسک

spatula

....

کەڤچیا مەزن

whisk

....

رینەک

strainer

....

کەفگیر

sieve

....

بێژنگ

grater

....

رێشکەر

mortar

....

دەستار

barbecue

....

براشتن

fireplace

....

ئاگرێ ڤالا

chopping board

....

تەختەیا بڕینێ

rolling pin

....

دارکێ تیرێ

corkscrew

....

دەڤک بادەک

can

....

قووتی

can opener

....

قووتیڤەکر

oven cloth

....

جاوێ ئامانان

sink

....

دەستشۆ

brush

....

فرچە

sponge

....

پارازۆا

blender

....

تەڤدێر

deep freezer

....

سارکەرێ جەمەدی

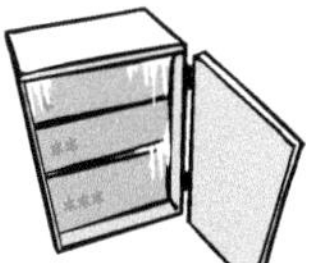

baby bottle

....

شووشە بەبکان

tap

....

هەنەفی

bathroom

هەمام

heating
گەرمژانک
towel
خاولی
bubble bath
bathtub
هەوزا هەمام
washing machine
جلشۆک
tiles
ئاجوور
potty
توالەتا زارۆکان
shower
دووش
shower curtain
glass
tap
هەنەفی
sink
دەستشۆ

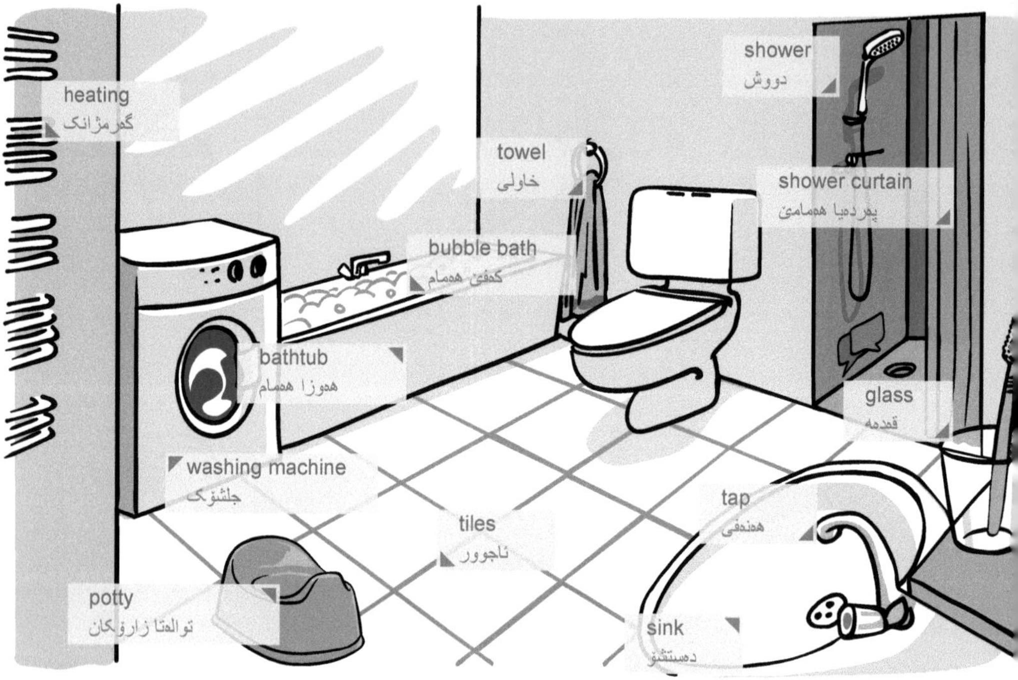

toilet

توالەت

squat toilet

توالەتا ئەردێ

bidet

توالەت

urinal

ئاڤدەستخانا مێزان

toilet paper

کاخەزا توالەت

toilet brush

فرشەیا توالەت

toothbrush

فرچەیا دران

toothpaste

مەجوونا دران

dental floss

نەخا ددان

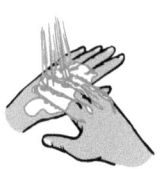

wash

شووشتن

hand shower

دووشێ دەستێ

douche

دووش

basin

دەستشۆ

back brush

فرچا پشت

soap

سابوون

shower gel

جێلێ هەمام

shampoo

شامپۆ

flannel

فانیلە

drain

زێراب

creme

کرێم

deodorant

بێهن خوشکر

mirror

....

مرێک

hand mirror

....

مرێکا دەستێ

razor

....

گووزان

shaving foam

....

کەفێ تەراشینێ

aftershave

....

مەجوونا پشتی تەراشینێ

comb

....

شەه

brush

....

فرچە

hair-dryer

....

پۆر هیشککر

hairspray

....

سپرایا پۆرێ

makeup

....

کۆزمەتیک

lipstick

....

سۆراڤک

nail varnish

....

رەنگێ نینۆک

cotton wool

....

پەمبوو

nail scissors

....

مەقەستا نینۆک

perfume

....

پارفووم

washbag

....

چەوالی هەمامی

stool

....

کورسیا بێپشت

weighing scales

....

تەرازی

bathrobe

....

کنجا هەمامی

rubber gloves

....

لەپکا لاستیکی

tampon

....

تامپۆن

sanitary towel

....

خاولیا پاقژکرنێ

chemical toilet

....

توالەتا کیمییەوی

kids room

ئۆدەیا زارۆک

alarm clock
دەمژمێرک
cuddly toy
لیستۆک
toy car
ماشینا لیستۆک
rattle
خشخشۆک
doll's house
مالا لیستۆک
present
خەلات

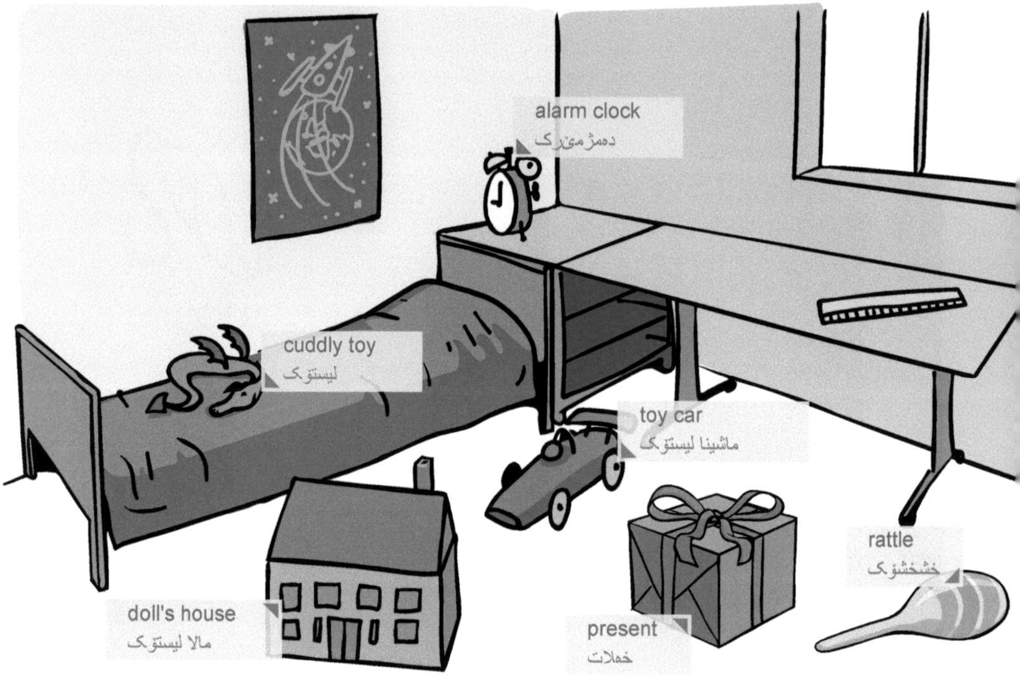

balloon

پفدانک

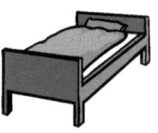

bed

نڤین

stroller

کۆچک

deck of cards

لیستکا کارتێ

jigsaw

فریزبی

comic

کۆمیک

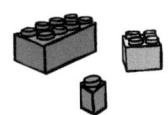

lego bricks

ئاجوورا لێگۆ

toy blocks

ئاجوورا لیستۆک

action figure

بووکە شووشە

romper suit

کنجا بەبکان

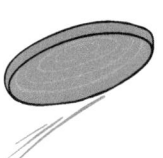

frisbee

فرزبێ

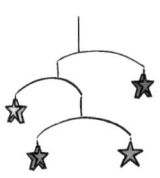

mobile

ڤەگو هەستن

board game

لیستکێن تەختە

dice

مۆر

model train set

مۆدێلا ترێنێ

pacifier

مەمک

party

جەژن

picture book

کتێبا وێنە

ball

تۆپ

doll

بووکە شووشە

play

لەییستن

sandpit

....

کونا خیزێ

swing

....

جۆلانە

toys

....

لیستۆکان

video game console

....

لیستکا ڤیدەۆیی

tricycle

....

سێچەرخە

teddy bear

....

هرچا لیستۆک

wardrobe

....

جلدانک

clothing

کنج

socks

....

گۆرە

stockings

....

گۆرە

tights

....

دەرپێگۆرێ

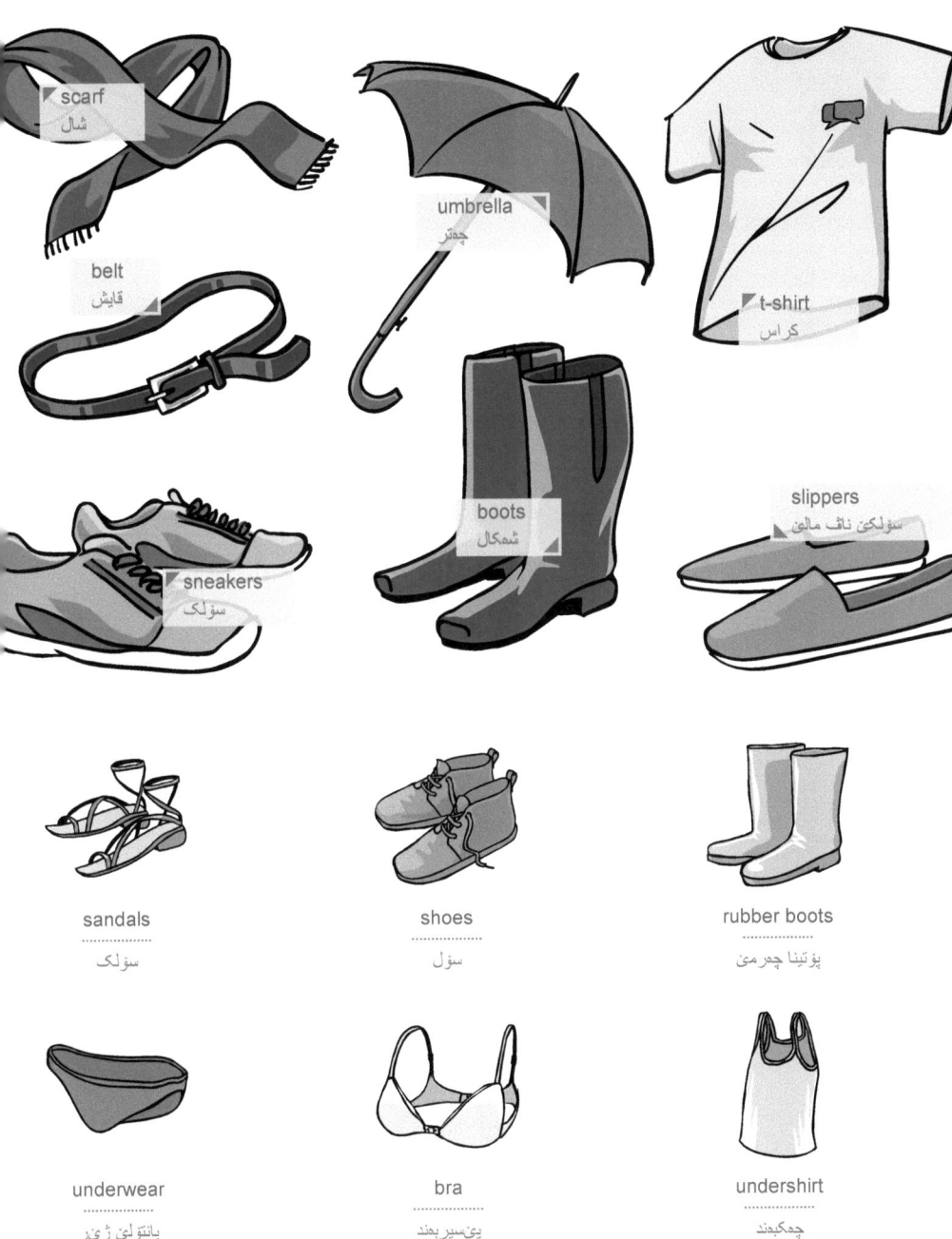

scarf
شال

umbrella
چەتر

t-shirt

belt
قایش

boots
شەمکال

sneakers
سۆلک

slippers
سۆلکێ ناڤ مالێ

sandals

سۆلک

shoes

سۆل

rubber boots

پۆتینا چەرمی

underwear

پانتۆلێ ژێر

bra

پێسیربەند

undershirt

چەکبەند

body

....

جەندەک

pants

....

پانتۆل

jeans

....

ژەانس

skirt

....

دامان

blouse

....

کراس

shirt

....

کراس

pullover

....

فانێلە

sweater

....

فانێلە

blazer

....

جاکێت

jacket

....

ساکۆ

coat

....

چاکەت

raincoat

....

بارانی

costume

....

لەباس

dress

....

فیستان

wedding dress

....

جلێ داوەتێ

suit
چاکیت

nightgown
پێجامە

pajamas
پێجامە

sari
سارێ

headscarf
لەچک

turban
مێزەر

burka
هێرام

kaftan
کافتان

abaya
ئەبا

swimsuit
کنجا ئاژنێکرن

trunks
جلکا مەلەڤانی

shorts
شۆرت

tracksuit
جلا هێڤۆژکاری

apron
پێشمال

gloves
لەپک

button

دووگمە

glasses

بەرچاڤک

bracelet

بازن

necklace

گەردەنی

ring

گوستیل

earring

گوهارک

cap

دەڤک

coat hanger

هلاڤستەک

hat

کووم

tie

کراوات

zip

زیپ

helmet

سەرپارێز

braces

دەرزی

school uniform

کنجا دبستانێ

uniform

یوونیفۆرم

bib

بەردلک

pacifier

مەمک

diaper

پونداخ

office

ئۆفیس

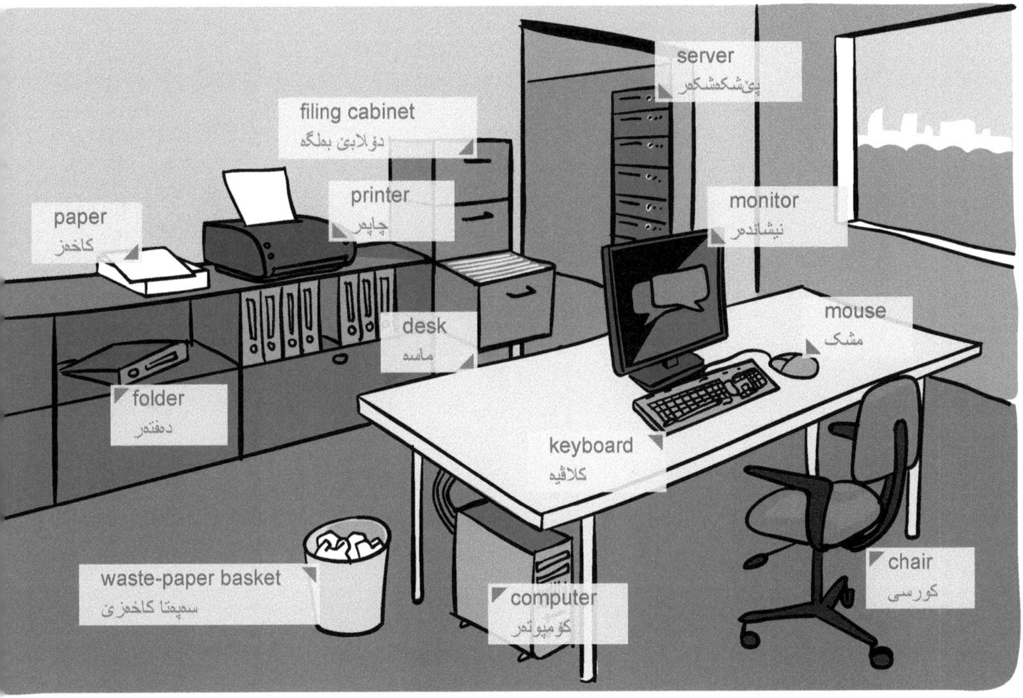

server

پێشکەشکەر

filing cabinet

دۆلابی بەلگە

printer

چاپەر

monitor

نیشاندەر

paper

کاخەز

desk

مێسە

mouse

مشک

folder

دەفتەر

keyboard

کلافیە

waste-paper basket

سەپیتا کاخەزی

chair

کورسی

computer

کۆمپیوتەر

coffee mug

کاسکا قەهوە

calculator

هەسابکەر

internet

ئینتەرنەت

laptop

كۆمپيوتەرا لاپتۆپ

letter

نامە

message

پەيام

cell phone

تەلەفۆنا مۆبيل

network

تۆر

photocopier

مەكينا فۆتۆكۆپى

software

سۆفتوارە

telephone

تەلەفۆن

plug socket

سۆجكەتا فيشەک

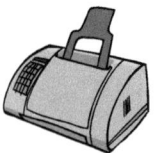

fax machine

مەكينا فاخێ

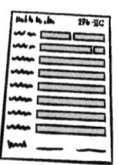

form

فۆرم

document

بەلگە

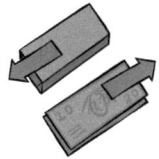

economy
ئابۆری

buy

کرین

pay

پەرە دان

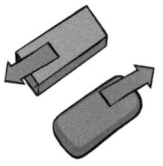

trade

بازرگانی

money

پەرە

dollar

دۆلار

euro

یۆرۆ

yen

یەنی ژاپۆنی

rouble

رۆبلی رووسی

Swiss franc

فرانکی سویسی

renminbi yuan

یوانی چینی

rupee

رووپی هندی

cash point

مەکینا ژخوەبەرا دراڤ

currency exchange office

ئۆفیسا پەرە ڤەگوهارتنێ

gold

زێڕ

silver

زیڤ

oil

نەفت

energy

وزە

price

بها

contract

پەیمان

tax

تاخ

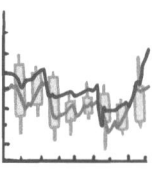

stock

سەهام

work

کارکرن

employee

کارکەر

employer

کاردا

factory

فابریکا

shop

دکان

police officer
پۆلیس
fireman
ئاگرکوژ
cook
doctor
pilot
فرۆکەڤان

gardener

باخچەڤان

carpenter

نەجار

seamstress

دروونڤان

judge

هاکم

chemist

شیمیازان

actor

شانۆگەر

bus driver

شوفێری باسێ

taxi driver

شوفێرەکی تاکسیێ

fisherman

ماسیڤان

cleaning lady

پاگژکەر

roofer

چێکری بانی

waiter

بەرکار

hunter

نێچرڤان

painter

رەنگرێس

baker

نانپێژ

electrician

کارەباڤان

builder

ئاڤاکەر

engineer

ئەندەزیار

butcher

قەساب

plumber

لوولەکار

postman

پۆستەڤان

soldier

ئەسکەر

architect

میمار

cashier

دراڤگر

florist

فرۆتکارا چیچەکان

hairdresser

پۆرچێکەر

conductor

ئاژۆڤان

mechanic

مەکانیک

captain

کەشتیڤان

dentist

پزیشکا ددانان

scientist

زانستیار

rabbi

رووهان

imam

ئیمام

monk

کەشە

pastor

کەشیش

tools

ئامووران

hammer
چەکووچ
pliers
مووچینگ
screwdriver
جەربادەر
wrench
torch
دارا چرا

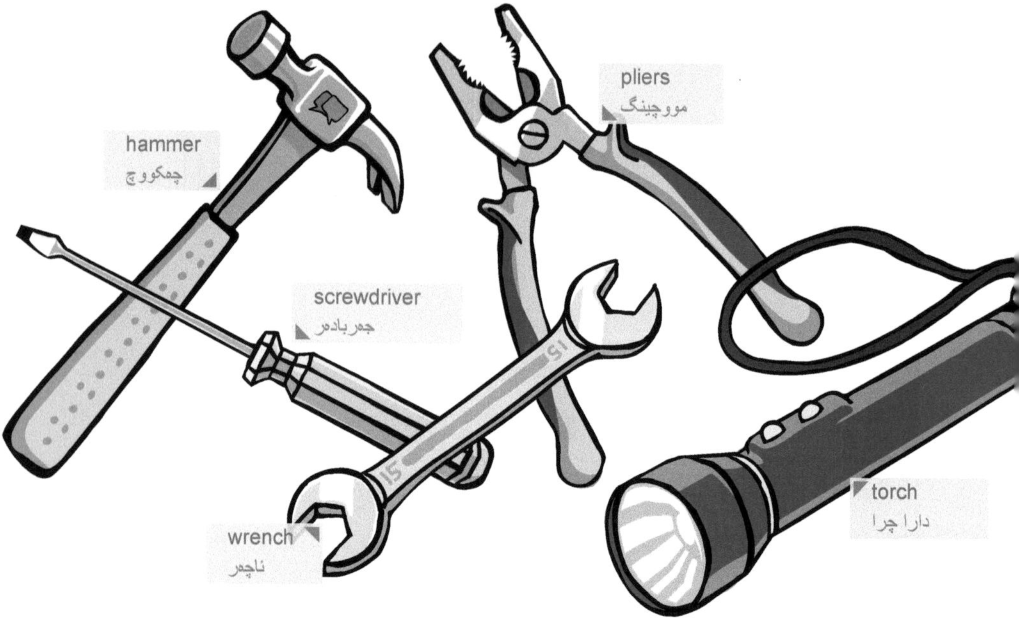

excavator

شۆفەل

toolbox

قووتیا ئامووران

ladder

پەیژە

saw

مشار

nails

میخ

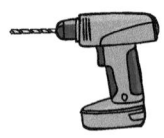

drill

قولکرن

repair

چێکرن

shovel

مەربێڕ

Damn!

نالەت!

dustpan

بێل

paint can

قووتیا رەنگێ

screws

جەر

musical instruments

ئامووریێن موزیکێ

loud speaker
بلیندگۆ
drum set
کۆمێ دەهۆل
guitar
گیتار
double bass
جۆرەیا گیتار
trumpet
زرنا

piano

پیانۆ

violin

ڤیۆلین

bass

باس

timpani

دەهۆل

drums

داهۆل

keyboard

کەیبۆارد

saxophone

ساکسۆفۆن

flute

بلوور

microphone

میکرۆفۆن

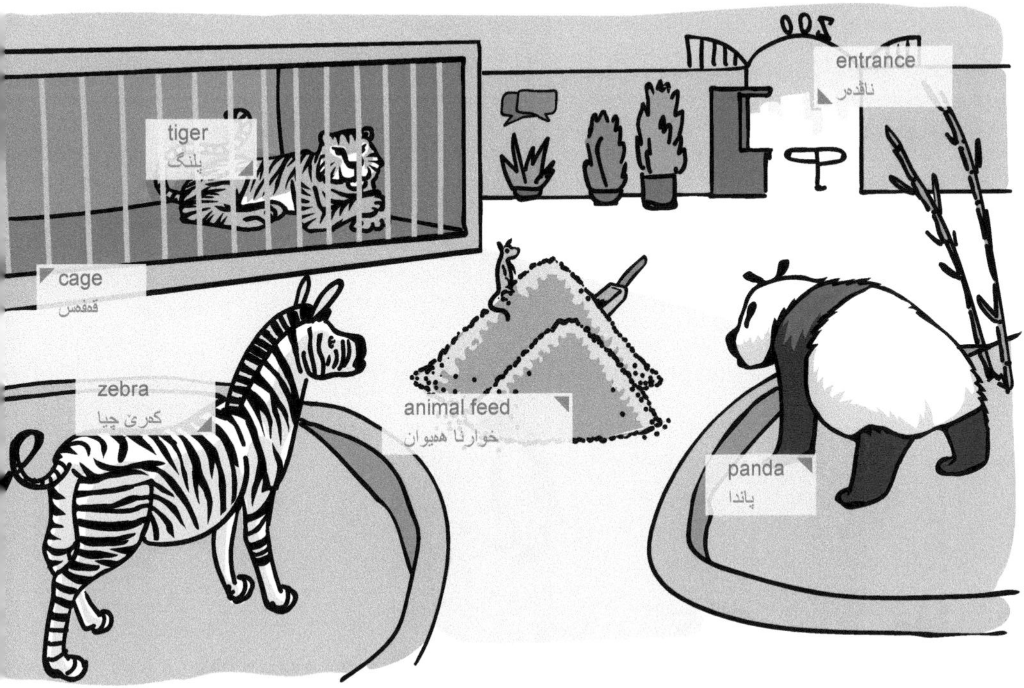

باخچا ھەیوانان

tiger
پلنگ

entrance
ناقدمن

cage
قەفەس

zebra
کەرێ چیا

animal feed
خوارنا ھەیوان

panda
پاندا

animals

ھەیوان

elephant

فیل

kangaroo

کانگاروو

rhino

کەرکەدەن

gorilla

گۆریل

bear

ھرچ

camel

هێشتر

ostrich

هێشترمه

lion

شێر

monkey

مەیموون

flamingo

فلامینگۆ

parrot

پاپاخان

polar bear

هرچا جەمسەری

penguin

پەنگوین

shark

سەماسی

peacock

تاوووس

snake

مار

crocodile

تمساه

zookeeper

پارێزەرا باخچا ئاژالان

seal

سەیا دەریا

jaguar

پلنگ

pony

هەسپ

leopard

پڵنگ

hippo

هەسپیٚ رووبار

giraffe

جانەیٚشتر

eagle

هەلۆ

boar

بەرازیٚ کۆڤی

fish

ماسی

turtle

کووسی

walrus

والراس

fox

رۆڤی

gazelle

خەزال

sports

وەرزش

American football
فووتبۆلی ئامەریکا
cycling
بسکلی‌تان
tennis
تەنیس
basketball
باسکی‌تبۆل
swimming
ئاڤژەنیکرن
boxing
بۆخنگ
ice hockey
هۆکەیا سەر جەمەدێ

soccer

فووتبۆل

badminton

بادمنتۆن

athletics

یێ ئاتلەتیزمێ

handball

هەندبۆل

skiing

بەفراژۆتن

polo

پۆلۆ

jump
hug
laugh
کەنین
walk
sing
لاوژە گوتن
dream
خەون دیتن
pray
kiss
ماچکرن

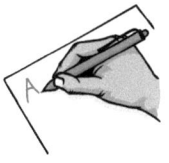

write
نڤیساندن

draw
نیگار کێشان

show
نیشان دان

push
پالدان

give
دایین

take
راکرن

have

هەبین

do

کرن

be

بوون

stand

سەکنین

run

بازدان

pull

کشاندن

throw

ئاڤێتن

fall

کەتن

lie

دەرەو کرن

wait

سەکنین

carry

گوهێزتن

sit

روونشتن

get dressed

جل بەرکرن

sleep

رازان

wake up

رابوون

look at

مێزە کرن

cry

گرین

stroke

جەلتە

comb

شە کرن

talk

پەیڤین

understand

فامکرن

ask

پرسکرن

listen

بهیستن

drink

ڤەخوارن

eat

خوارن

tidy up

کۆم کرن

love

هەزکرن

cook

خوارن چێکرن

drive

ئاژۆتن

fly

فڕین

sail

....

کەشتیڤانی

calculate

....

هەسباندن

read

....

خواندن

learn

....

هینبوون

work

....

کارکرن

marry

....

زەوجین

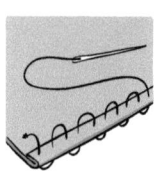

sew

....

درووتن

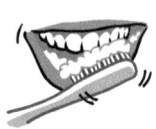

brush teeth

....

ددان شووتن

kill

....

کوشتن

smoke

....

دووخان

send

....

شاندن

family

مالبات

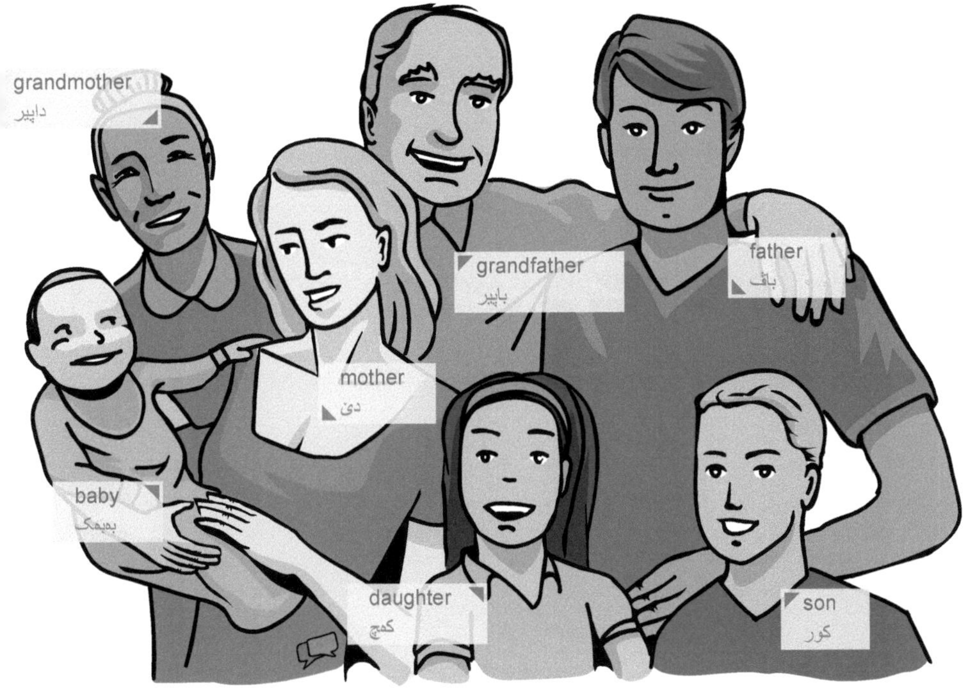
grandmother
داپیر
grandfather
باپیر
father
باڤ
mother
دێ
baby
بەبەک
daughter
کچ
son
کور

guest

مێڤان

aunt

مەت

uncle

ئاپ/خال

brother

برا

sister

خوشک

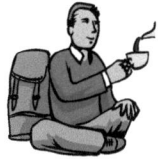

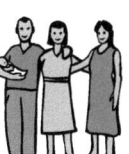

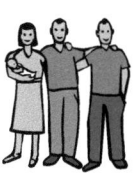

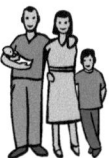

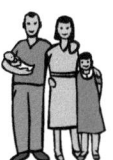

body

بەدەن

forehead
ئەنی
eye
shoulder
مل
finger
تلی
face
روو
chin
زەنی
hand
دەست
leg
لنگ
breast
سینگ
arm
پیل

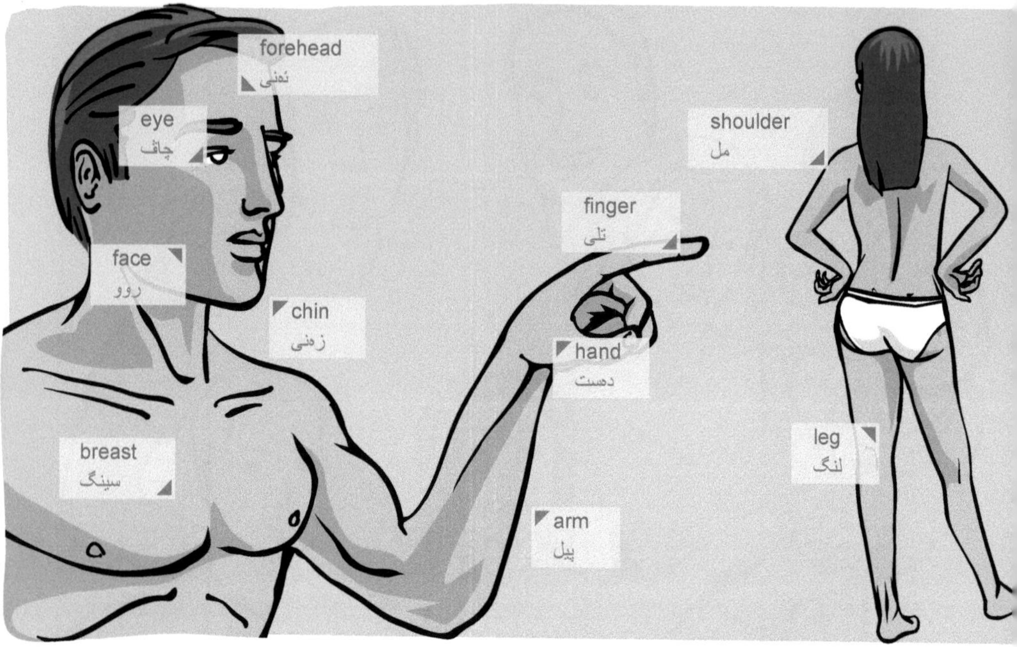

baby

بەبەک

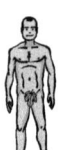

man

مێر

woman

ژن

girl

کەچ

boy

کۆر

head

سەر

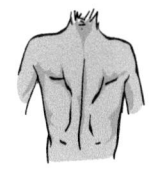

back

....

پشت

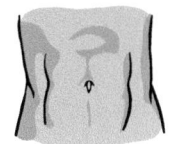

belly

....

زک

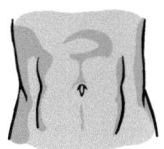

navel

....

ناڤک

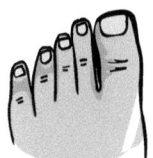

toe

....

تلییا پێ

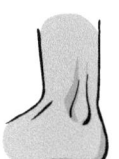

heel

....

پانی

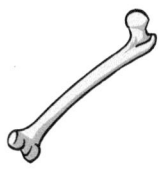

bone

....

هەستی

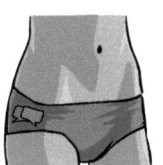

hip

....

کوولیمەک

knee

....

ژوونی

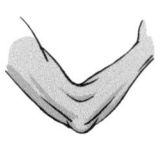

elbow

....

ئەنیشک

nose

....

دفن

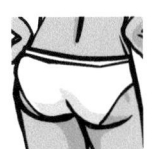

buttocks

....

قوون

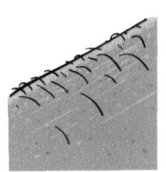

skin

....

چەرم

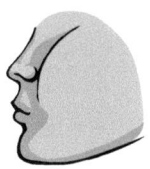

cheek

....

روو

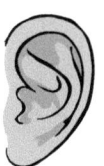

ear

....

گووه

lip

....

لێڤ

mouth

دەڤ

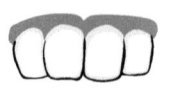

tooth

دران

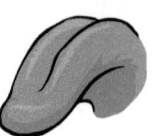

tongue

زمان

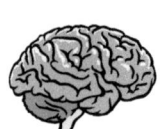

brain

مێژی

heart

دل

muscle

ماسوول

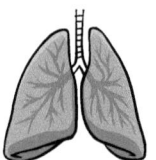

lung

جیگەرا سپی

liver

جەگەر

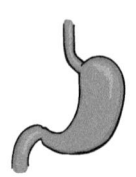

stomach

مادە

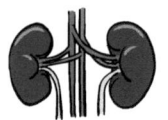

kidneys

گوورچکان

sex

جۆتبوون

condom

کۆندۆم

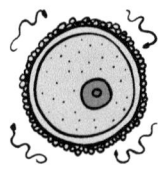

ovum

هێک

semen

تۆڤ

pregnancy

دووجانی

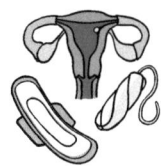

menstruation

....

ئادە

vagina

....

قووز

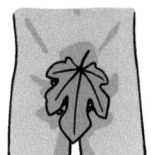

penis

....

کیر

eyebrow

....

برۆو

hair

....

پۆر

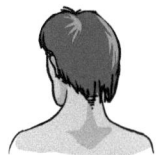

neck

....

هووستوو

hospital

نەخوەشخانە

hospital
نەخوەشخانە
ambulance
wheelchair
fracture

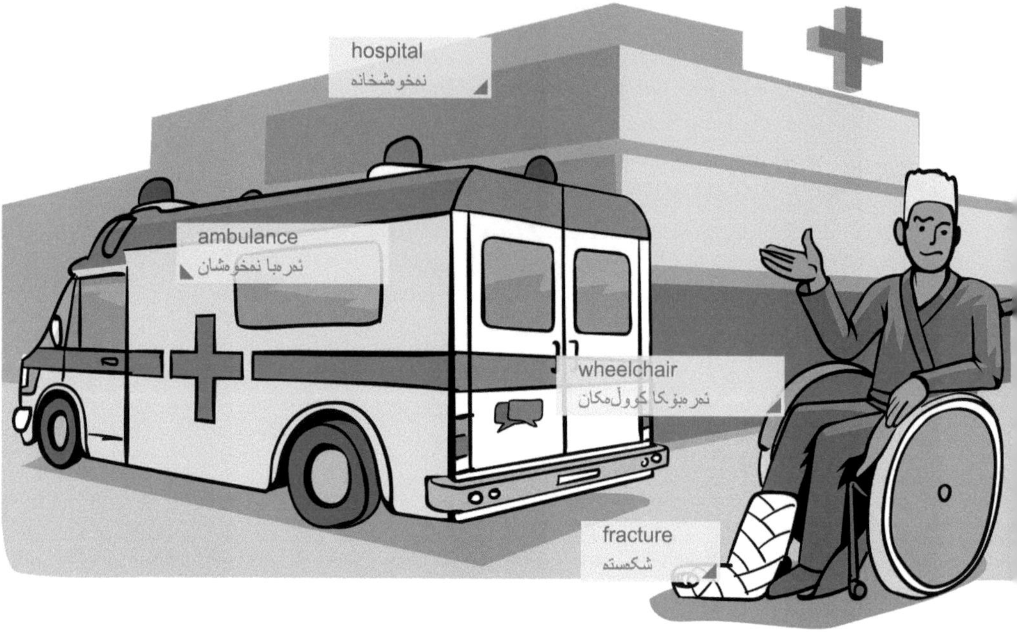

doctor

بژیشک

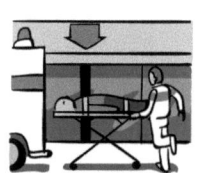

emergency room

ئۆدا لەزگینێ

nurse

نەخوەشیار

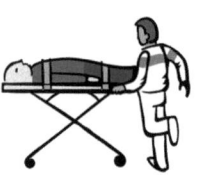

emergency

ئاجیلییەت

unconscious

بێهای

pain

ئێش

hospital - نەخوەشخانە

injury
....
برین

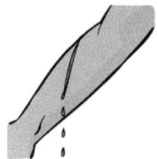

bleeding
....
خوینپژان

heart attack
....
هێرشا دلی

stroke
....
جەلتە

allergy
....
ئالەرژی

cough
....
کوخک

fever
....
تا

flu
....
زکام

diarrhea
....
ناڤچووین

headache
....
سەرێش

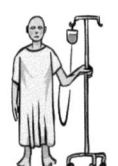

cancer
....
قانسێر

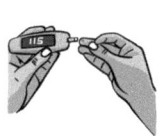

diabetes
....
نەخوەشیا شەکرێ

surgeon
....
ئەمەلیکار

scalpel
....
سکالپێل

operation
....
ئەمەلی

CT

جت

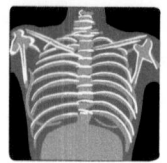

x-ray

سوورەتێ رۆنتگێن

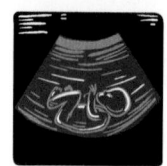

ultrasound

ئوولتراساوند

face mask

ماسکێ ڕوویێ

disease

نەخوەشی

waiting room

ئۆدا سەکنینێ

crutch

گۆچان

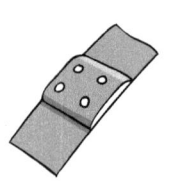

plaster

شێل

bandage

پاچێ برینپێچانێ

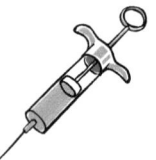

injection

دەرزی

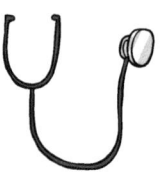

stethoscope

بیستۆکا پزیشکی

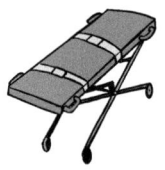

stretcher

داربەست

clinical thermometer

تێهنپیڤا کلینیکێ

birth

زایین

overweight

قەلەو

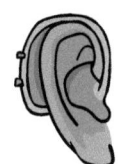

hearing aid

ئالیکاریا بهیستنێ

disinfectant

باکتەریکوژ

infection

کۆتیبوون

virus

ڤیرووس

HIV / AIDS

هڤ / ئادس

medicine

دەرمان

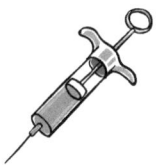

vaccination

کوتان

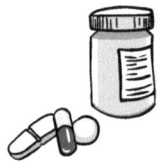

tablets

هەبان

pill

هەب

emergency call

لەزگین

blood pressure monitor

دیمەندەرێ پەستۆ خوین

ill / healthy

نەخوەش / ساخ

emergency

ئاجیلییەت

Help!

هەوار!

alarm

ئالارم

assault

ئێریش

attack

ئێریشکرن

danger

تالووک

emergency exit

دەرکەتنا ئاجل

Fire!

ئاگر!

fire extinguisher

ئاگر ڤەمراندنێ

accident

قەزا

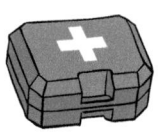

first-aid kit

ئالەتێن ئالیکاریا یەکەم

SOS

سۆس

police

پۆلیس

Europe
....
ئەورۆپا

North America
....
ئامەریکایا باکوور

South America
....
ئامەریکایا باشوور

Africa
....
ئافریکا

Asia
....
ئاسیا

Australia
....
ئاوسترالیا

Atlantic
....
ئاتلانتیک

Pacific
....
ئۆکیانووسا مەزن

Indian Ocean
....
ئۆکیانووسا هندی

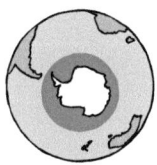

Antarctic Ocean
....
ئۆکیانووسا ئانتارکتیکا

Arctic Ocean
....
ئۆکیانووسا ئارکتیک

North pole
....
جەمسەرا باکوور

South pole

جەمسەرا باشوور

Antarctica

ئانتارکتیکا

earth

ئەرد

land

ئاخ

sea

بەهر

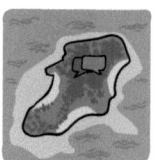

island

دوورگە

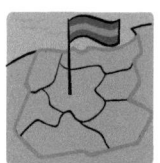

nation

مللەت

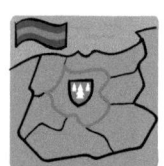

state

وەلات

clock
ساەت

clock face

رووی‌ی ساەت

hour hand

نشاندەرکا دەمژمێر

minute hand

نشاندەرکا دەقە

second hand

نشاندەرکا سانیە

What time is it?

سێت چەندە؟

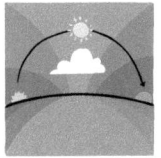

day

رۆژ

time

دەم

now

نها

digital watch

ساەتێ دجیتال

minute

دەقە

hour

سێت

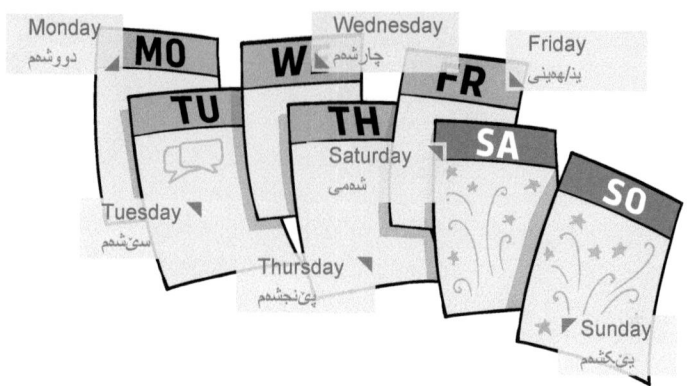

week

هەفتە

Monday
دووشەم
MO
Tuesday
سێشەم
TU
Wednesday
چارشەم
W
Thursday
پێنجشەم
TH
Friday
FR
Saturday
شەمی
SA
Sunday
یێکشەم
SO

TUE
MON
2
1

yesterday

دوه

TUE
2

today

ئیرۆ

TUE
3

tomorrow

سبەی

morning

سبه

noon

نیڤرۆ

evening

ئێڤار

MO TU WE TH FR SA SU
1 2 3 4 5 6 7
8 9 10 11 12 13 14
15 16 17 18 19 20 21
22 23 24 25 26 27 28
29 30 31 1 2 3 4

workdays

رۆژێن کاری

MO TU WE TH FR SA SU
1 2 3 4 5 6 7
8 9 10 11 12 13 14
15 16 17 18 19 20 21
22 23 24 25 26 27 28
29 30 31 1 2 3 4

weekend

داویا هەفتە

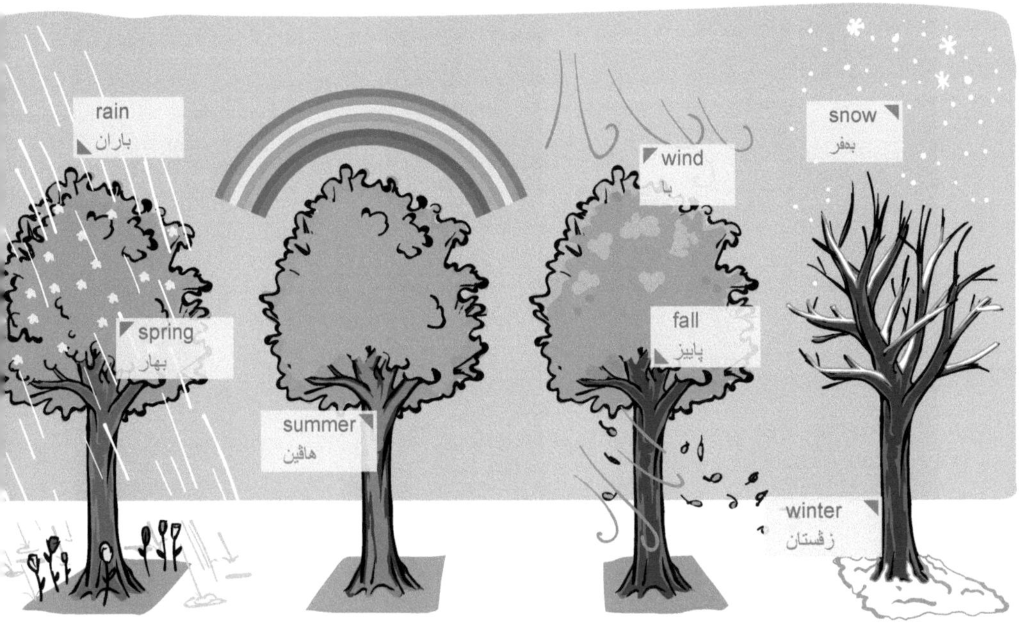

rain
باران
spring
بهار
summer
wind
با
fall
پاییز
snow
winter
زڤستان

4.APRIL 11°
5.APRIL 4°
6.APRIL 13°
7.APRIL 8°
8.APRIL 10°

weather forecast

پێشبینیا هەوا

F
0
10
0
-10

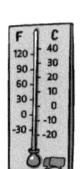

thermometer

تەهنپیڤ

sunshine

تاڤ

cloud

هەور

fog

مژ

humidity

هێمی

lightning

برق

thunder

برووسک

storm

تۆفان

hail

تەرگ

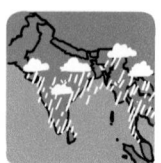

monsoon

مانسوون

flood

لەهی

ice

جەمەد

January

ڕێبەندان

February

ڕەشەمە

March

نەورۆز

April

گولان

May

جۆزەردان

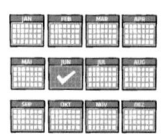

June

پووشپەڕ

July

گەلاوێژ

August

خەرمانان

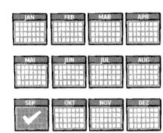

September

رەزبەر

October

کەوچێڕ

November

سەرماوەز

December

بەفرانبار

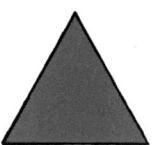

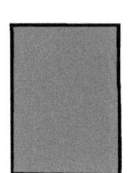

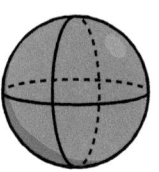

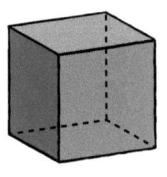

shapes

شێوە

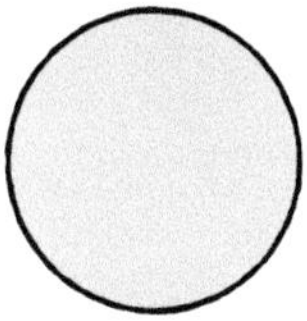

circle

چەمبەر

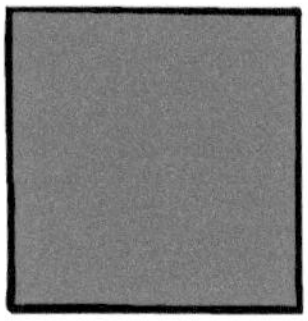

square

چارچک

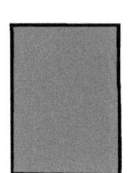

rectangle

چارقۆزی

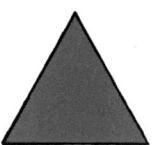

triangle

سێقۆزی

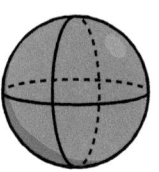

sphere

قادا

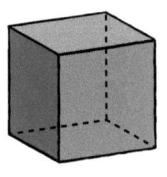

cube

خشتەک

colors

ڕەنگان

white

سپی

yellow

زەر

orange

پرتەقالی

pink

پەمبە

red

سوور

purple

مۆر

blue

شین

green

کەسک

brown

قەهوەیی

gray

گەور

black

ڕەش

opposites

بەرامبەران

a lot / a little

زۆر / کەم

angry / calm

ب هێرس / بێدەنگ

beautiful / ugly

بەدەو / نەرند

beginning / end

دەستپێک / داوی

big / small

مەزن / بچووک

bright / dark

رۆنی / تاری

brother / sister

براک / خوشک

clean / dirty

پاگژ / گرێژ

complete / incomplete

تەڤی / نەتەمام

day / night

رۆژ / شەڤ

dead / alive

مری / زندی

wide / narrow

فره / تەنگ

edible / inedible

خوەش / نەخوەش

evil / kind

نەباش / باش

excited / bored

ب هەیەجان / ئاجز

fat / thin

قەلەو / زراڤ

first / last

یەکەمین / داوین

friend / enemy

هەڤال / دژمن

full / empty

تژی / ڤالا

hard / soft

رەق / نەرم

heavy / light

گران / سڤک

hunger / thirst

برچی / تینی

ill / healthy

نەخوەش / ساخ

illegal / legal

نەقانوونی / قانوونی

intelligent / stupid

رەوشەنبیر / بالوولە

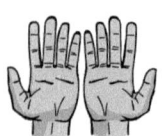

left / right

چەپ / راست

near / far

نێزی / دوور

new / used
....
نوو / بکارهاتی

nothing / something
....
هیچ / تشتەک

old / young
....
کال / جوان

on / off
....
ل / ژ

open / closed
....
ڤەکری / گرتی

quiet / loud
....
ئارام / دەنگبلند

rich / poor
....
دەولەمەند / رەبەن

right / wrong
....
راست / شاش

rough / smooth
....
دڕ / هلوو

sad / happy
....
خەمگین / شا

short / long
....
کورت / درێژ

slow / fast
....
هێدی / زوو

wet / dry
....
شل / زوا

warm / cool
....
گەرم / هێنک

war / peace
....
شەڕ / ئاشتی

numbers

هەژماران

0	1	2
zero	one	two
سفر	یەک	دوو
3	4	5
three	four	five
سێ	چار	پێنج
6	7	8
six	seven	eight
شەش	هەفت	هەشت
9	10	11
nine	ten	eleven
نەه	دەه	یازدە

12

twelve

دازده

13

thirteen

سێزده

14

fourteen

چارده

15

fifteen

پازده

16

sixteen

شازده

17

seventeen

هەفدە

18

eighteen

هەژدە

19

nineteen

نۆزدەه

20

twenty

بیست

100

hundred

سەد

1.000

thousand

هەزار

1.000.000

million

ملیۆن

languages

زمانان

English

ئینگلیزی

American English

ئنگلیزیا ئامەریکی

Chinese Mandarin

چینی ماندارین

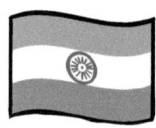

Hindi

هیٚندی

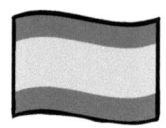

Spanish

ئیسپانیۆلی

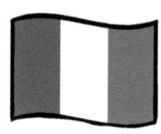

French

فرەنسی

Arabic

ئەرەبی

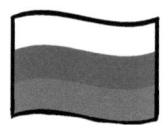

Russian

رووسی

Portuguese

پۆرتوگالی

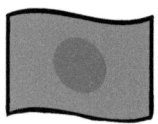

Bengali

بەنگالی

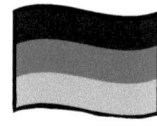

German

ئەلمانی

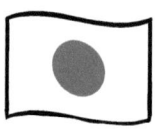

Japanese

ژاپۆنی

who / what / how

کی / چ / چاوا

I

من

you

تو

he / she / it

ئەو / ئەڤ / ئەو

we

ئەم

you

تو

they

ئەو

who?

کی؟

what?

چ؟

how?

چاوا؟

where?

کیدەرێ؟

when?

کەنگی؟

name

ناڤ

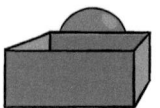

where

کوو

behind

پشتی

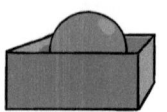

in

in front of

پێشی

over

سەر

on

سەر

under

بن

beside

کێلەک

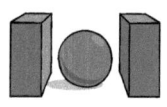

between

ناقبەر

place

جه